# Connais-le Canada?

## Jeux et activités d'un océan à l'autre

## Jeff Sinclair

**Texte français : Claude Cossette**

Éditions ■SCHOLASTIC

À la mémoire de Nana et Willie;
un rêve a été réalisé, une promesse tenue.
— J.S.

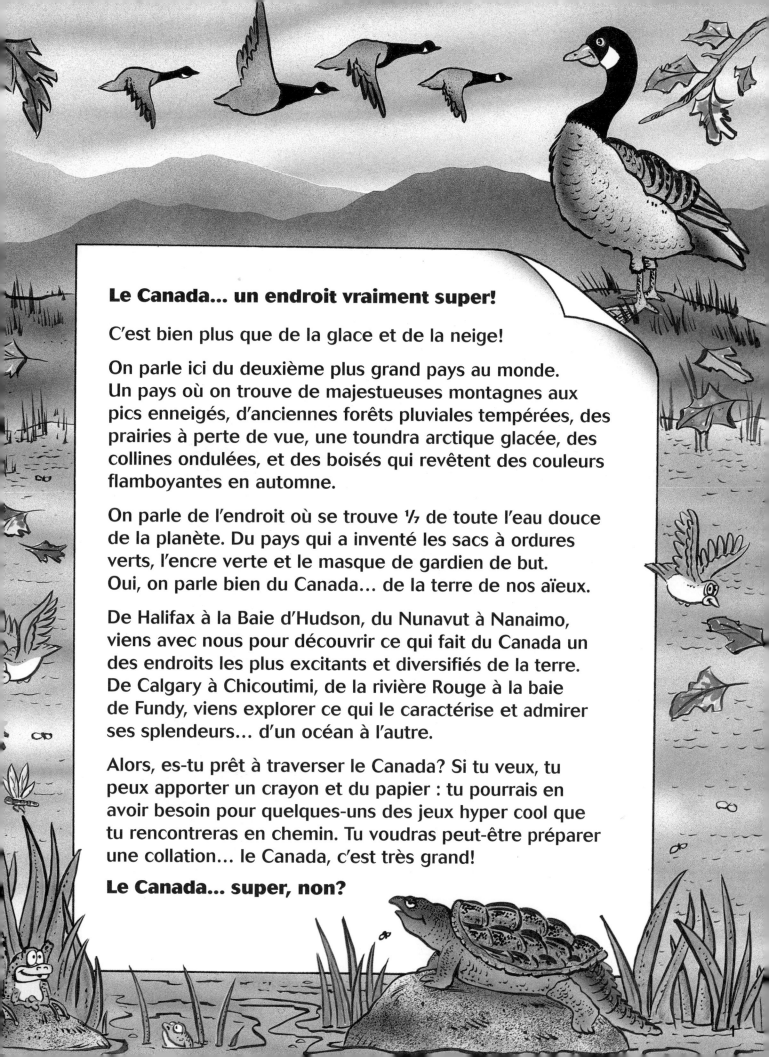

**Le Canada... un endroit vraiment super!**

C'est bien plus que de la glace et de la neige!

On parle ici du deuxième plus grand pays au monde. Un pays où on trouve de majestueuses montagnes aux pics enneigés, d'anciennes forêts pluviales tempérées, des prairies à perte de vue, une toundra arctique glacée, des collines ondulées, et des boisés qui revêtent des couleurs flamboyantes en automne.

On parle de l'endroit où se trouve $\frac{1}{7}$ de toute l'eau douce de la planète. Du pays qui a inventé les sacs à ordures verts, l'encre verte et le masque de gardien de but. Oui, on parle bien du Canada... de la terre de nos aïeux.

De Halifax à la Baie d'Hudson, du Nunavut à Nanaimo, viens avec nous pour découvrir ce qui fait du Canada un des endroits les plus excitants et diversifiés de la terre. De Calgary à Chicoutimi, de la rivière Rouge à la baie de Fundy, viens explorer ce qui le caractérise et admirer ses splendeurs... d'un océan à l'autre.

Alors, es-tu prêt à traverser le Canada? Si tu veux, tu peux apporter un crayon et du papier : tu pourrais en avoir besoin pour quelques-uns des jeux hyper cool que tu rencontreras en chemin. Tu voudras peut-être préparer une collation... le Canada, c'est très grand!

**Le Canada... super, non?**

# OH CANADA !

La masse terrestre du Canada en fait le deuxième plus grand pays du monde; sa superficie est de 9 093 507 km².

La capitale du Canada est Ottawa, en Ontario.

En 2002, la population du Canada était de 31,2 millions de personnes.

C'est le 15 février 1965 que le drapeau sur lequel on trouve une feuille d'érable et les couleurs rouge et blanc est devenu le drapeau officiel du pays.

Le premier explorateur à arriver au Canada a été John Cabot, en 1497. Il a revendiqué le pays au nom de l'Angleterre.

Les deux langues officielles du Canada sont le français et l'anglais.

Le Canada compte près de deux millions de lacs, qui couvrent presque 7,6 % de tout le pays.

Sir John A. Macdonald a été le 1er premier ministre du pays après la formation du Dominion du Canada en 1867.

Le premier chemin de fer commercial du Canada – le Champlain and Saint-Lawrence Railroad – a été inauguré en 1836.

Le Québec, la plus grande province du Canada, est presque sept fois plus grand que la Grande-Bretagne.

Le « Ô Canada » a été composé en 1880 par Calixa Lavallée. Les paroles originales ont été écrites en français par le juge Adolphe-Basile Routhier. Un siècle plus tard, le 1er juillet 1980, le « Ô Canada » a été proclamé hymne national.

Le Canada compte 39 parcs nationaux, 50 parcs territoriaux, plus de 1000 parcs provinciaux et 850 lieux historiques nationaux.

Le hockey et la crosse sont les sports nationaux du Canada. Le baseball, le basketball, le golf, le ski, le soccer, le tennis, la natation, le curling et le football sont d'autres sports populaires.

# YUKON

La capitale du Yukon est Whitehorse (« cheval blanc », en français). On lui a donné ce nom à cause des rapides de la rivière Yukon, dont les eaux écumeuses ressemblent à la crinière de chevaux blancs.

Robert Campbell a été le premier explorateur du Yukon. C'était en 1839.

Pendant la ruée vers l'or, un bateau à roue arrière qui remontait le courant prenait de quatre à six jours pour se rendre de Dawson à Whitehorse. Le voyage en sens inverse pouvait se faire en un jour et demi.

On croit que les premières personnes à mettre le pied au Canada sont arrivées il y a plus de 10 000 ans et qu'elles se sont d'abord installées au Yukon. Elles étaient les ancêtres des Autochtones qui vivent là aujourd'hui.

Le territoire du Yukon couvre 483 450 km$^2$.

MUSH!

La course d'attelages de chiens la plus difficile au monde, la Yukon Quest, est un test d'endurance annuel de 1600 km entre Fairbanks, en Alaska, et Whitehorse, au Yukon.

La population de tout le territoire du Yukon est d'environ 29 000 personnes.

Le plus haut sommet du Canada est le Mont Logan qui s'élève à 5959 m.

La partie du Yukon qui se trouve dans le cercle arctique est connue sous le nom de « pays du soleil de minuit » parce que le soleil y brille presque sans arrêt pendant trois mois au cours de l'été. Mais en hiver, l'obscurité s'y installe pendant trois mois.

La nuit, dans le ciel du Yukon, on peut voir des aurores boréales.

ATTRACTION TOURISTIQUE →

Burwash Landing : la plus grande batée au monde

Avant qu'on y découvre de l'or en 1896, Dawson était un simple camp de pêche saisonnier. Deux ans plus tard, sa population atteignait 40 000 personnes, ce qui en faisait la plus grande ville canadienne à l'ouest de Winnipeg.

# La piste de Chilkoot

Les gens qui voulaient participer à la ruée vers l'or du Klondike avaient littéralement besoin d'une TONNE de choses. Le gouvernement canadien obligeait chaque chercheur d'or à apporter assez de provisions pour tenir un an, ce qui voulait dire environ 900 kg de matériel. Les chercheurs d'or devaient grimper le col Chilkoot avec tout ça. Vraiment pas facile!

BATÉE

FARINE – 180 kg

SUCRE – 45 kg

BACON – 68 kg

SCIE À MAIN

ABRICOTS – 11 kg

BEURRE – 11 kg

PIC

PELLE

SACS DE TOILE – 11 kg

*Fait canadien :* La recette des barres Nanaimo vient d'une ville de la Colombie-Britannique qui porte le même nom.

# Une mémoire d'éléphant

Observe pendant UNE MINUTE les 20 articles qu'il te faudrait emporter pour une expédition au Klondike, puis ferme le livre. Maintenant, prends ton crayon et ton papier, et note tous les articles dont tu te souviens. La personne qui obtient le plus de bonnes réponses gagne une vieille boîte de clous rouillés.

POÊLE À FRIRE

COUTEAU ET FOURCHETTE

ALLUMETTES – une boîte

CORDE de 2 cm – 60 m

SEAU GALVANISÉ – 13 l

SAVON DE CASTILLE – 5 barres

CLOUS – 7 kg

BOUGIES – 1 boîte

BOUSSOLE

TENTE

# Territoires du Nord-Ouest

Les Territoires du Nord-Ouest comptent plus de 37 360 habitants, dont 15 000 vivent à Yellowknife, la capitale.

L'économie du territoire est fondée sur l'industrie minière : le zinc, le pétrole et l'or. La première mine de diamants du Canada est entrée en production en 1998.

Le Grand lac de l'Ours est le huitième plus grand lac au monde, tandis que le Grand lac des Esclaves se classe au dixième rang. Ensemble, ils couvrent une superficie de 59 896 km².

Les ancêtres des Dénés sont arrivés dans les Territoires du Nord-Ouest il y a environ 10 000 ans. On croit que les Inuits sont arrivés 5000 ans plus tard.

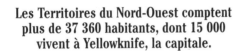

La fleur emblématique de la province est la dryade à feuilles entières.

En 1771, Samuel Hearne, un agent de la Compagnie de La Baie d'Hudson, a été le premier homme blanc à visiter les berges du Grand lac des Esclaves. C'est Matonabbee, le chef des Dénés à l'époque, qui lui a servi de guide.

Il fut un temps où les Territoires du Nord-Ouest comprenaient l'Alberta, la Saskatchewan et le Yukon, de même que la plus grande partie du Manitoba, de l'Ontario et du Québec!

Le plus long fleuve du Canada, le Mackenzie, descend du Grand lac des Esclaves et se jette dans la mer de Beaufort, 4241 km plus loin. Le fleuve doit son nom à Alexander Mackenzie, qui l'a exploré en 1789.

La baie et la ville de Yellowknife (« couteau jaune ») doivent leur nom à la bande Yellowknife de la nation Chipewyan, qui fabriquait les lames de ses couteaux avec du cuivre.

En 1870, le gouvernement du Canada a acquis la Terre de Rupert et le Territoire du Nord-Ouest de la Compagnie de La Baie d'Hudson, et les a renommés « Territoires du Nord-Ouest ».

Les Territoires du Nord-Ouest comprennent deux régions distinctes : la taïga, en dessous de la limite forestière, avec ses forêts boréales, ainsi que la toundra, une région stérile surtout rocailleuse, avec une végétation rabougrie.

L'oiseau emblématique des Territoires du Nord-Ouest est le faucon gerfaut.

Avec la création du Nunavut, la superficie des Territoires du Nord-Ouest a diminué, passant de 3 426 320 km² à 1 171 918 km².

VIVE LES HAUTEURS!

# MÉLI-MÉLO DU NORD-OUEST

Si tu crois que c'est amusant de descendre une montagne enneigée en planche à neige, essaie ce méli-mélo tripant. Tous les mots mélangés que tu vois ici proviennent des pages 6 et 7, et ont un lien avec les Territoires du Nord-Ouest.

1. EITRORESIRT UD RDON TSUEO

2. DNAGR ACL ED RUL'SO

3. ETRSFO RELSAÉOB

4. WIEFNKOLELY

5. NOCUFA FREUGTA

6. FVULEE KANEZEMCI

7. YERDAD

8. UEMALS EARNHE

9. ÉDÉSN

10. TARNOUD

11. REM ED FAEOTRBU

12. MAIDTNSA

13. SOMER

14. LFONUMO UD ANCAAD

15. PULO TARIUQEC

16. DNRAG CLA ESD SVESLACE

17. XLNDREAAE CNEZAMKEI

18. AGATÏ

19. POGACIENM ED AL AEBI DSND'UHO

20. IVEV SLE SATUHURE

Réponses à la page 40

# Objets perdus

Au cours de ton voyage au Canada, il y a 20 choses que tu devras repérer pour remplir ta liste d'objets perdus. Ces articles peuvent apparaître sur une page ou une autre sans crier gare.

**Réponses à la page 40**

TU AS PERDU DEUX HUARDS?

| PERDU | TROUVÉ à la page |
|---|---|
| un cochon volant | _____ |
| la boussole d'un chercheur d'or | _____ |
| un castor tenant un crayon | _____ |
| une bernache | _____ |
| une feuille d'érable rose et turquoise | _____ |
| un puits de pétrole qui gicle | _____ |
| un ours polaire avec des lunettes de soleil | _____ |
| un phare | _____ |
| un oiseau perché sur un arbre | _____ |
| un casier à homard | _____ |
| un corbeau | _____ |
| un harfang des neiges | _____ |
| un épi de maïs | _____ |
| une montre | _____ |
| le chapeau d'un agent de la GRC | _____ |
| des seaux de sirop d'érable | _____ |
| le contour de la Nouvelle-Écosse | _____ |

*Fait canadien :* Prince Rupert (C.-B.) est l'endroit le plus humide au Canada, avec ses 2552 mm de précipitations par année.

# Nunavut

Le Nunavut est devenu le plus nouveau territoire du Canada le 1er avril 1999. Iqaluit avait déjà été choisi comme future capitale en 1995.

En inuktitut, la langue inuite, Nunavut veut dire « notre terre ».

Avec sa population d'environ 6000 personnes, Iqaluit est la plus petite capitale provinciale du Canada.

Le climat du Nunavut est un des plus durs sur terre, mais les Inuits ont appris à s'y adapter il y a très longtemps.

Avec une superficie de 2 millions de km$^2$, le Nunavut occupe le ⅕ de la superficie du Canada.

Les mammifères marins et terrestres qui vivent dans le Nunavut sont une source de nourriture pour les habitants de l'Arctique depuis plus de 4000 ans. Ils fournissent aussi le matériel servant à fabriquer des outils, des habitations et des vêtements.

La population du Nunavut est de 26 745 habitants.

Cinquante pour cent de tous les ours polaires du monde vivent au Nunavut.

Il y a plus de 750 000 caribous dans la région du Nunavut.

Le mot inuit pour caribou est *tuktu*.

**LE NUNAVUT, C'EST GÉNIAL!**

Sur le drapeau du Nunavut, on peut voir un *inuksuk* – une forme humaine faite en pierre. Il peut servir de repère aux personnes qui se déplacent dans la région ou peut désigner des endroits importants.

# Où est Polaris?

**Fait canadien :** L'inuktitut, la langue des Inuits, compte plus de 20 dialectes.

On sait maintenant que 50 % de tous les ours polaires du monde vivent au Nunavut.
On dirait que la plupart se sont donné rendez-vous sur ces deux pages.
En fait, les VRAIS ours polaires ont cinq orteils, alors tous ces ours affamés,
sauf UN (Polaris), sont des imposteurs. Peux-tu repérer Polaris?
La première personne qui l'aperçoit remporte un seau de poissons gelés.

**Réponse à la page 40**

# Un vrai casse-tête

Peux-tu reconnaître les provinces et les territoires seulement par leur forme? Certaines formes sont à l'envers ou de côté, pour te donner du fil à retordre.

**Réponses à la page 40**

# Colombie-Britannique

Il y a des milliers d'années, des Autochtones sont arrivés sur la côte de la Colombie-Britannique et ont fondé des sociétés complexes, bien avant l'arrivée des Européens.

En 1778, le capitaine James Cook a jeté l'ancre au large de la côte de l'île de Vancouver et l'a revendiquée au nom de l'Angleterre.

La superficie totale de la C.-B. est de 944 735 km².

C'est au large de la C.-B. qu'on trouve les pieuvres, les pétoncles et les étoiles de mer les plus grosses au monde!

La C.-B. compte 4,1 millions d'habitants. C'est la troisième province la plus peuplée au Canada.

Bon nombre de Sino-Canadiens qui vivent à Vancouver sont des descendants des milliers de Chinois qui ont participé à la construction du chemin de fer Canadien Pacifique.

Le plus haut totem au monde a été érigé à Victoria, en 1994. Il mesure 54,94 m.

Ninstints, un ancien village haïda, a été désigné site du patrimoine mondial.

**Sont nés en C.-B. :**

Nelly Furtado, Victoria; Diana Krall, Nanaimo; Jason Priestly, Hayden Christensen, Joshua Jackson et Ross Rebagliati, Vancouver.

Abbotsford est la capitale canadienne de la framboise. On y produit 15,6 millions de kg annuellement, soit ½ kg pour chaque Canadien.

L'île de Vancouver est la plus grosse île au large de la côte ouest des Amériques. C'est aussi là que se trouve la capitale de la C.-B., Victoria.

La Colombie-Britannique a plusieurs chaînes de montagnes, dont les Rocheuses et la chaîne Côtière.

La C.-B. possède plus de variétés de plantes et d'animaux que toute autre province canadienne.

L'arbre le plus vieux du Canada est un Douglas taxifolié de 1300 ans, qui se trouve dans l'aire de nature sauvage Stoltmann.

UN DIFFÉRENT TYPE DE CAPITALE...

La capitale canadienne de la canneberge est Richmond.

Agassiz se dit la capitale canadienne du maïs.

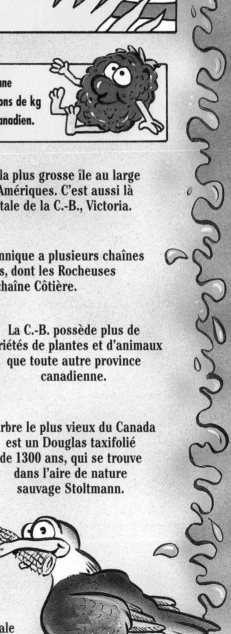

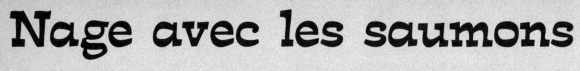

# Nage avec les saumons

Les saumons cohos sont en train de frayer et les grizzlys sont affamés.
Tu devras nager jusqu'au haut de la page avant que les ours
décident de te mettre, toi aussi, à leur menu.
Si tu te retrouves sur la queue d'un saumon, tu peux sauter jusqu'à sa bouche.
Si tu arrives en haut d'un tronc glissant, tu descends.

Tu peux jouer seul ou avec d'autres,
avec un ou deux dés.
Sers-toi de pièces de monnaie,
de cailloux ou de coquillages
comme jetons.

46 47 48 49 50

33 31

34 32

27 29 30

26 28

14

15 13 11

6 12

9

7 8 10

# Alberta

L'Alberta couvre une superficie de 661 190 km² et est presque deux fois plus grande que le Japon.

Plus de la moitié de l'Alberta, environ 350 000 km², est couverte de forêts.

Anthony Henday a été le premier explorateur européen à arriver en Alberta, en 1754.

L'Alberta est devenue une province le 1er septembre 1905. Edmonton a été choisi comme capitale.

Chaque été, pendant 10 jours, plus d'un million de personnes célèbrent la culture des cowboys, à l'occasion du Calgary Stampede.

UN DIFFÉRENT TYPE DE CAPITALE...

Calgary est la capitale canadienne du bœuf.

Pendant des milliers d'années, la région qui est aujourd'hui l'Alberta a été habitée par de nombreuses nations autochtones, comme les Tsattines, les Pieds-Noirs, les Kainahs, les Cris, les Gros-Ventres, les Koutenays, les Piégans, les Sarsis et les Slaves.

**Sont nés en Alberta :**

Jann Arden, Calgary; Kurt Browning, Rocky Mountain House; Jill Hennessey et Michael J. Fox, Edmonton.

Plus de 3 millions de personnes vivent en Alberta.

L'Alberta doit son nom à la princesse Louise Caroline Alberta, la quatrième fille de la reine Victoria.

Les chinooks sont des vents chauds qui soufflent à travers les Rocheuses, jusqu'en Alberta. Le 27 janvier 1962, la température à Pincher Creek en Alberta a bondi de -18,9 °C à 3,3 °C en une heure!

L'Alberta produit 55 % du pétrole du Canada et plus de 80 % de son gaz naturel.

**IL ÉTAIT UNE FOIS, IL Y A 75 MILLIONS D'ANNÉES...**

Les bad-lands exotiques de l'Alberta abritent le Dinosaur Provincial Park, un site du patrimoine mondial des Nations Unies. Plus de 300 squelettes de dinosaures ont été découverts dans cette région, dont celui de l'albertosaure.

Peter Pond a établi le premier poste de traite de fourrure en Alberta, en 1778.

# Mots bien cachés

Le vent et les vagues s'abattent sur la côte du Nouveau-Brunswick. Essaie de trouver tous les mots avant la marée haute.

Solution à la page 40

**Liste de mots:**

- Océan Atlantique
- Baie de Fundy
- Chaleurs (baie)
- Morue
- Plie
- Forêts
- Fredericton
- Saint-Laurent
- Rorqual à bosse
- Jacques Cartier
- Homard
- Malécite
- Micmac
- Moncton
- Mont Carleton
- Moules
- Nouveau-Brunswick
- Northumberland (détroit)
- Mouette
- Saint John

| F | R | E | D | E | R | I | C | T | O | N | G |   |   |   |
|---|---|---|---|---|---|---|---|---|---|---|---|---|---|---|
| X | S | E | L | U | O | M | Z | M | R | G | K |   |   |   |
| N | A | V | T | I | Y | M | O | R | U | E | W |   |   |   |
| O | I | B | S | D | J | N | C | U | X | Q | B |   |   |   |
| U | N | I | E | Z | C | Q | E | U | E | F | L |   |   |   |
| V | T | M | J | T | O | F | A | Z | E | T | L |   |   |   |
| E | L | X | O | J | R | N | N | M | V | W | T | B | J | M | L |
| A | A | N | Q | A | C | P | A | D | L | S | T | E | R | O | F |
| U | U | B | S | C | V | K | T | Y | R | U | H | K | I | N | C |
| B | R | O | R | Q | U | A | L | A | B | O | S | S | E | T | J |
| R | E | H | U | U | M | G | A | E | D | X | E | A | Z | C | W |
| U | N | D | E | E | K | X | N | B | H | O | T | I | J | A | L |
| N | T | T | L | S | W | E | T | M | O | V | I | N | H | R | N |
| S | Y | O | A | C | Z | M | I | C | M | A | C | T | K | L | I |
| W | Z | D | H | A | T | U | Q | S | A | J | E | J | Z | E | B |
| I | A | L | C | R | K | P | U | M | R | Q | L | O | D | T | C |
| C | B | F | W | T | Y | L | E | B | D | Z | A | H | M | O | J |
| K | P | S | N | I | B | I | K | F | H | K | M | N | X | N | L |
| J | B | A | I | E | D | E | F | U | N | D | Y | W | Q | A | Z |
| C | P | N | O | R | T | H | U | M | B | E | R | L | A | N | D |

# MARTIN RIT JAUNE

Martin Mongrain doit se rendre jusqu'à l'élévateur à grains
de Gladmar avant de commencer à se gâter. Tu peux l'aider
en traçant le plus court trajet dans le labyrinthe de blé.

**Solution à la page 40**

# Saskatchewan

C'est à Regina que la Gendarmerie royale du Canada dispense sa formation… depuis 1885. La GRC s'appelait autrefois la Gendarmerie à cheval du Nord-Ouest.

La Saskatchewan est entrée dans la Confédération le 1er septembre 1905.

La Saskatchewan est la seule province canadienne à ne pas avoir l'heure avancée, l'été. Les horloges sont réglées selon l'heure normale du Centre, toute l'année.

C'est dans le parc provincial Athabasca qu'on trouve les dunes de sable les plus au nord du monde. Elles atteignent une hauteur de 30 m.

**Sont nés en Saskatchewan :**

Leslie Nielsen, Regina; Catriona LeMay Doan, Saskatoon.

La superficie moyenne d'une ferme de la Saskatchewan est d'environ 519 hectares.

Établi en 1887, le refuge d'oiseaux Last Mountain en Saskatchewan est le plus ancien en Amérique du Nord.

La Saskatchewan a une population d'un peu plus de un million de personnes.

Avant de devenir la capitale de la Saskatchewan, Regina était appelée Wascana, un mot cri signifiant « tas d'os ». On l'appelait ainsi parce qu'on y trouvait une quantité impressionnante d'os de bison.

Pour encourager les gens à immigrer en Saskatchewan, le gouvernement a offert des terres gratuitement aux colons.

La Saskatchewan couvre une région rectangulaire de 651 900 km². On y trouve plus de terrains de golf par habitant que dans n'importe quelle autre province canadienne.

La Saskatchewan produit 54 % du blé canadien et est surnommée le « grenier du Canada ».

Les eaux du lac Little Manitou sont tellement saturées de minéraux que les gens y flottent facilement. On dit que le lac est trois fois plus salé que l'océan.

La fleur emblématique de la province est le lys rouge orangé.

Le nom Saskatchewan provient du mot *kisiskatchewani* des Cris-des-Plaines, qui signifie « rivière au cours rapide ».

**ATTRACTION TOURISTIQUE →**

L'orignal le plus gros au monde se trouve à Moose Jaw.

Avec 2540 heures d'ensoleillement par année, Estevan est l'endroit le plus ensoleillé du Canada.

# Manitoba

Le Manitoba a une superficie de 650 000 km², ce qui représente 6,5 % du Canada.

Mécontents parce que leurs terres étaient données à des colons, les Métis, avec à leur tête Louis Riel, sont entrés en rébellion en 1869.

## GROS ET VIEUX!

Le plus gros fossile de trilobite au monde a été découvert près de Churchill. Il a plus de 445 millions d'années et mesure 70 cm de longueur. C'est 70 % plus long que le précédent détenteur du record.

Lord Selkirk a établi la première colonie agricole dans la vallée de la rivière Rouge en 1812.

À 831 m, le mont Baldy est le point le plus haut du Manitoba.

**Sont nés au Manitoba :**
Terry Fox, Anna Paquin et Chantal Kreviazuk, Winnipeg; Loreena McKennitt, Morden; Susan Aglukark, Churchill.

Winnipeg est la capitale du Manitoba. Soixante pour cent de la population de la province (qui compte 1,15 million d'habitants) y vit.

**UN DIFFÉRENT TYPE DE CAPITALE...** Portage La Prairie est la capitale canadienne de la fraise.

Tout près de Winnipeg, au lieu historique national de Lower Fort Garry, tu peux voir le plus vieux poste de traite de l'Amérique du Nord. Encore intact, le fort a été construit en 1831.

L'emblème floral de la province est le crocus des prairies et son oiseau, la chouette lapone.

C'est au Manitoba qu'on trouve le plus grand écart de température entre l'été et l'hiver. L'été, la température peut s'élever à 40 °C et l'hiver, elle peut descendre jusqu'à -40 °C. Une différence de 80°!

Le Manitoba est connu pour ses 100 000 lacs.

# Ontario

Le mot Ontario signifie « eau miroitante » en iroquois. C'est un nom approprié pour une province qui compte plus de 250 000 lacs!

La capitale de l'Ontario est Toronto. C'est aussi la plus grande ville du Canada : 4,6 millions de personnes vivent dans sa région métropolitaine.

En 1610, Henry Hudson a été le premier Européen à poser le pied sur les berges de la baie qui porte maintenant son nom.

L'Ontario occupe 1 068 580 km². C'est presque deux fois la superficie du Texas, le deuxième plus grand état américain.

Les nations iroquoise et algonquine sont les descendantes des premiers habitants de l'Ontario, qui y sont arrivés il y a plus de 10 000 ans.

L'Ontario produit environ 40 % de tous les biens qui sont fabriqués au Canada.

La plus longue chaîne d'emballages de gomme au monde (et toujours en croissance) se trouve à Waterdown.

L'Ontario est entrée dans la Confédération canadienne en 1867, l'une des premières provinces à le faire.

Presque 12 millions de personnes vivent en Ontario, soit environ le tiers de la population canadienne.

**Sont nés en Ontario :**

Bryan Adams, Kingston; Dan Aykroyd et Alanis Morissette, Ottawa; Neve Campbell, Guelph; Avril Lavigne, Napanee; Martin Short, Hamilton; Shania Twain, Windsor.

Toute une diversité! Environ 60 % des nouveaux immigrants du Canada s'établissent en Ontario, et on y parle plus de 100 langues différentes.

## UN DIFFÉRENT TYPE DE CAPITALE...

La capitale canadienne de la tomate est Leamington.

Frankfort est la capitale nationale du dindon sauvage.

Avec ses 14 km de beau sable blanc, la plage Wasaga serait la plus longue plage d'eau douce au monde.

La plus petite prison en Amérique du Nord est à Rodney.

Le lac Supérieur est le plus grand lac d'eau douce au monde.

# LE JEU-QUESTIONNAIRE 100 % CANADIEN

## 1ʳᵉ PARTIE

**1.** La partie du Yukon située dans le cercle arctique s'appelle le pays…
a) du soleil levant   b) du soleil de minuit   c) du soleil brillant

**2.** Quelle est la fleur emblématique des Territoires du Nord-Ouest?
a) la violette   b) la rose   c) la dryade à feuilles entières

**3.** Quel pourcentage de la superficie totale du Canada occupe le Nunavut?
a) ½ moins ¼   b) ⅓   c) ⅕

**4.** Quel nom donne-t-on aux vents chauds de l'Alberta en hiver?
a) Canuks   b) chinooks   c) un bon répit

**5.** Combien d'hectares en moyenne occupe une ferme de la Saskatchewan?
a) 195   b) 915 591 159   c) 519

**6.** Dans quelle province se trouve l'endroit le plus ensoleillé du Canada?
a) en Saskatchewan   b) au Manitoba   c) dans celle qui a les plus petits nuages

**7.** En 1867, qui a été le premier premier ministre du Canada?
a) Sir Donald McDonald   b) Sir Ronald McDonald   c) Sir John A. Macdonald

**8.** Qui a jeté l'ancre au large de Vancouver en 1778?
a) le capitaine James Cook   b) le capitaine Kirk   c) le capitaine Crochet

**9.** Quel dinosaure célèbre trouve-t-on dans les bad-lands de l'Alberta?
a) le stégosaure   b) l'albertosaure   c) Barney

**10.** Le Manitoba est connu pour ses…
a) 100 000 lacs   b) 50 000 flaques   c) méga maringouins

**Réponses à la page 40**

**Fait canadien :** Le basketball a été inventé par James Naismith, d'Almonte, en Ontario.

# BIZARREMENT SAUVAGE

Les animaux du parc Algonquin se sont réunis autour du feu. Sors papier et crayon, et essaie de repérer toutes les choses bizarres qui se passent ici. Tu dois trouver 13 éléments. Pourquoi 13? Parce que c'est un chiffre qui fait PEUR!
**Réponses à la page 41**

# L'aventure alphabétique transcontinentale

Trouve les lettres qui manquent et tu découvriras les gens, les endroits et les choses qui composent le Canada.

Chaque élément est mentionné ou montré quelque part dans le livre. Lorsque tu auras trouvé les réponses, prends toutes les lettres qui sont encerclées et démêle-les pour déchiffrer le message caché.

**Réponses à la page 41**

1. G _ _ _ B(L) _ _

2. _ H I _ _ H O _ S _

3. _ L - D - _(O)R _ N _ E - _ _ _ U A R _

4. SA _ _ _ N

5. G _ _ _(D)S _ A _(C)_

6. _ E U _ _ L D' _ _ A _ _(E)

7. _ _ S _(A)T _ _ _ W _ N

8. _ R E _ _ R _ C T _ _

9. H _ _ _ R D

10. _ O _ O _ B _ E - _ _ I _ A _(N)_ QUE

11. J O _ N _(O). M _ _ _ _ N _ L _

12. _ A B R _ _ _ _

13. B _ _ E _ ' _ U D(O)O N

14. _ _ O N _ I _ E

15. _ O _ _(E)_ _ E - _ C _ _ S E

16. _ A S T _ _

17. _(A) C _ O _ S E

18. _ U _ _(E)_

19. A _ _ _ _(O)O _(_)A U _ _

20. _(U)R _ G _(O)_ Z Z L Y

## Message caché :

*Fait canadien :* Le saumon de l'Atlantique est la plus importante espèce de poisson d'élevage du Canada. Et les ⅔ sont élevés en C.-B., sur la côte Pacifique!

26

# Québec

Le Québec, avec ses 1 667 926 km², est la plus grande province canadienne. Il fait plus de trois fois la taille de la France.

Le bouclier canadien couvre la majeure partie du Québec. Certains de ses rochers datent de 900 millions d'années et sont parmi les plus vieux de la terre.

Le plus grand inventeur canadien, Reginald Fessenden, détient plus de 500 brevets différents. Il est né à Bolton-Est en 1866.

Montréal est la plus grande ville du Québec, avec plus de 3,38 millions de gens vivant dans sa région métropolitaine. C'est donc la deuxième plus grande ville francophone au monde, après Paris.

Le Québec produit 70 % du sirop d'érable du monde entier.

Les 80 % de la population du Québec vivent le long du fleuve Saint-Laurent.

Le harfang des neiges est l'oiseau emblématique du Québec.

En février, la Ville de Québec tient son Carnaval, un événement hivernal réputé.

Le nom de la province vient de l'algonquin *kebec*, qui signifie « là où le fleuve rétrécit ».

Jacques Cartier et son équipage ont été les premiers Européens à passer un hiver au Québec. C'était en 1535.

La population du Québec est maintenant de plus de 7 millions d'habitants.

## Sont nés au Québec :

Céline Dion, Charlemagne;
Marc Garneau, Ville de Québec;
Julie Payette, Montréal;
Jacques Villeneuve, Saint-Jean-sur-Richelieu.

La capitale provinciale est la Ville de Québec, la seule ville forteresse en Amérique du Nord. Un mur de plus de 4 km entoure la ville.

Des Autochtones se sont installés dans la vallée du Saint-Laurent il y a plus de 6000 ans. Aujourd'hui, plus de 70 000 Autochtones vivent au Québec.

Le fleuve Saint-Laurent, qui relie l'océan Atlantique aux Grands Lacs, fait 1000 km de longueur.

# Le jeu des différences
# La descente
# de la rivière Richelieu

Il faut encore que tu sortes ton crayon et... un morceau d'écorce de bouleau.
Les illustrations semblent identiques, mais, dans celle de droite, on a enlevé,
ajouté ou changé des éléments. Essaie de trouver les 10 différences avant que
les coureurs des bois aient descendu la rivière. Quand tu auras fini, colorie les deux scènes,
l'une aux couleurs de l'automne et l'autre, à celles de l'hiver.
**Réponses à la page 41**

# MOTS CROISÉS CANADIENS

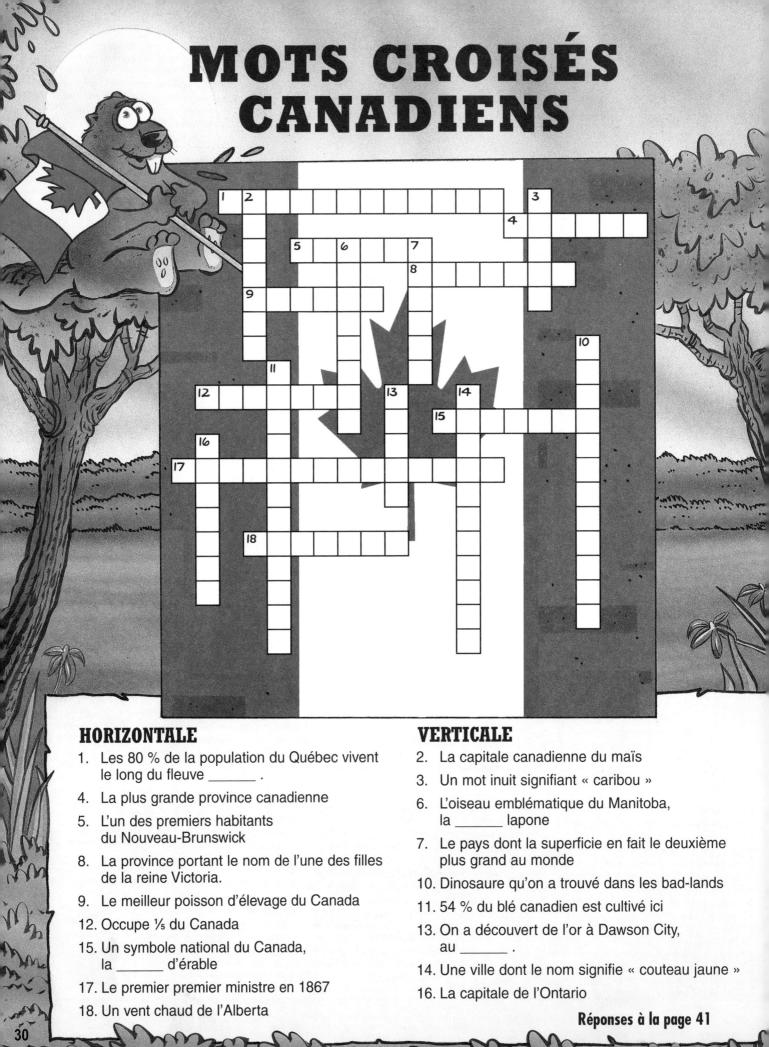

## HORIZONTALE

1. Les 80 % de la population du Québec vivent le long du fleuve _____ .

4. La plus grande province canadienne

5. L'un des premiers habitants du Nouveau-Brunswick

8. La province portant le nom de l'une des filles de la reine Victoria.

9. Le meilleur poisson d'élevage du Canada

12. Occupe ⅕ du Canada

15. Un symbole national du Canada, la _____ d'érable

17. Le premier premier ministre en 1867

18. Un vent chaud de l'Alberta

## VERTICALE

2. La capitale canadienne du maïs

3. Un mot inuit signifiant « caribou »

6. L'oiseau emblématique du Manitoba, la _____ lapone

7. Le pays dont la superficie en fait le deuxième plus grand au monde

10. Dinosaure qu'on a trouvé dans les bad-lands

11. 54 % du blé canadien est cultivé ici

13. On a découvert de l'or à Dawson City, au _____ .

14. Une ville dont le nom signifie « couteau jaune »

16. La capitale de l'Ontario

**Réponses à la page 41**

30

# Nouveau-Brunswick

La baie de Fundy est une aire d'alimentation populaire pour une grande variété de baleines, y compris le rorqual à bosse, le baleinoptère, le globicéphale noir, la baleine noire, l'orque et l'épaulard. Il y a aussi des groupes de dauphins et de marsouins, ainsi que de larges bandes de phoques.

Des forêts couvrent 85 % du Nouveau-Brunswick.

La rivière Miramichi est un des meilleurs endroits au monde pour pratiquer la pêche au saumon.

Les Malécites et les Micmacs, ainsi que leurs descendants, vivent sur les rives du Nouveau-Brunswick depuis des siècles.

Le Nouveau-Brunswick occupe une aire de 73 500 km². C'est environ 0,7 % de toute la masse terrestre du Canada.

Avec 125 000 personnes vivant dans sa région métropolitaine, Saint John est la plus grande ville du Nouveau-Brunswick.

## UN DIFFÉRENT TYPE DE CAPITALE...

La capitale canadienne des OVNI est Inkerman.

Le Nouveau-Brunswick compte 756 000 habitants.

La hache la plus grosse au monde a été offerte au village de Nackawic. La hache en acier mesure 18,28 m de long et 7 m de large, et pèse 7 tonnes. On estime qu'il faudrait un bûcheron de 140 tonnes pour la soulever!

Fredericton est la capitale provinciale.

### LE NOUVEAU-BRUNSWICK... C'EST MAGIQUE!

À Magnetic Hill, les voitures qui sont mises au neutre semblent être tirées vers le sommet de la colline, défiant ainsi les lois de la gravité.

La fleur emblématique de la province est la violette cucullée.

La baie de Fundy est reconnue pour ses marées, qui sont les plus hautes au monde. Dans une période de 24 heures, le niveau de la mer peut changer de 15 m.

Le Nouveau-Brunswick est la seule province canadienne à être officiellement bilingue. Trente-trois pour cent de ses habitants sont francophones, le plus grand pourcentage à l'extérieur du Québec.

La construction du pont couvert le plus long au monde a pris fin en 1899. Il mesure 390 m et se trouve à Hartland.

Le Nouveau-Brunswick est entré dans le Dominion du Canada le 1er juillet 1867.

# LE JEU-QUESTIONNAIRE 100 % CANADIEN

## 2ᴱ PARTIE

1. La baie de Fundy est réputée pour ses … les plus hautes sur terre.
   a) taxes   b) marées   c) montagnes

2. Quel lac ontarien est le plus grand plan d'eau douce au monde?
   a) le lac Mammouth   b) le lac Inférieur   c) le lac Supérieur

3. Quatre-vingt pour cent de la population du Québec vit près de quel cours d'eau?
   a) le Saint-Florent   b) le Saint-Laurent   c) le Saint-Bernard

4. Au Canada, c'est à l'Île-du-Prince-Édouard qu'on cultive le plus de…
   a) pommes de terre   b) pommes de route   c) pommes McIntosh

5. Quelques-uns des lieux de pêche les plus productifs au monde sont au large
   de Terre-Neuve. Comment les appelle-t-on?
   a) Gros Bancs   b) Grands Bancs   c) Bancs publics

6. Qu'est-ce que le mot iroquois « Ontario » signifie?
   a) eau miroitante   b) eau filtrée   c) eau sale

7. Que trouve-t-on sur l'île de Sable en Nouvelle-Écosse?
   a) des chevaux sauvages   b) des oies sauvages   c) des pirates

8. Quatre-vingt-cinq pour cent du Nouveau-Brunswick est couvert de quoi?
   a) de 6 m d'eau   b) de forêts   c) d'écureuils malfaisants

9. Où élève-t-on le plus de saumons de l'Atlantique?
   a) en Colombie-Britannique   b) au Nouveau-Brunswick   c) au Manitoba

10. Cinquante pour cent de toutes les terres de l'Î.-P.-É. sont…
    a) inondées   b) rouges   c) cultivées

**Réponses à la page 41**

# Nouvelle-Écosse

La population de la Nouvelle-Écosse est d'environ 950 000 habitants.

La Nouvelle-Écosse occupe un territoire de 55 491 km².

La Nouvelle-Écosse compte plus de 5400 lacs et ses côtes sont jalonnées de plus de 3800 petites îles.

ATTRACTION TOURISTIQUE →

Le plus gros mastodonte au monde a rendu célèbre le village de Stewiacke.

Les côtes de la province serpentent et ondulent sur environ 10 500 km. C'est plus que l'autoroute transcanadienne – la plus longue autoroute nationale au monde.

On dit que la province est le littoral du Canada.

Selon des fouilles archéologiques effectuées sur un site de Debert, des gens vivent en Nouvelle-Écosse depuis au moins 10 000 ans.

Sont nées en Nouvelle-Écosse :
Anne Murray, Springhill;
Sarah McLachlan, Halifax.

Halifax est la capitale de la Nouvelle-Écosse, ainsi que la ville la plus peuplée de la province, avec environ 117 000 habitants.

L'île de Sable, au large de la côte de la Nouvelle-Écosse, est connue comme le « cimetière de l'Atlantique ». Plus de 350 épaves y ont été dénombrées. L'île abrite aussi des centaines de chevaux sauvages.

 La capitale canadienne du bleuet est Oxford.

En 1605, Samuel de Champlain fondait Port-Royal, une des premières colonies permanentes européennes.

La Nouvelle-Écosse détient le record canadien pour le plus grand nombre de phares : 150!

Le plus gros homard jamais recensé a été pêché en Nouvelle-Écosse, en 1977. Il pesait 9,3 k et mesurait 1,26 m.

# Cachés dans les algues et les vagues

Jette un coup d'œil à toutes les activités aquatiques au large de la Nouvelle-Écosse. Cachés dans les algues et les vagues se trouvent 10 éléments qui n'ont pas leur place dans les eaux de la baie de Fundy. Quand tu les auras tous repérés, prends le temps d'ajouter un peu de couleur à cette incroyable scène sous-marine!

**Réponses à la page 41**

# Île-du-Prince-Édouard

L'Île-du-Prince-Édouard est la plus petite province canadienne, tant par sa superficie (5660 km²) que par sa population (139 000 habitants).

Il y a plus de 800 km de plage le long des rives de l'île.

Les Micmacs vivent sur l'île depuis au moins 2500 ans. Ils l'ont appelée Abegweit, ce qui signifie « bercée par les flots ».

Le Pont de la Confédération relie maintenant l'Î.-P.-É. au reste du Canada. Une merveille d'ingénierie, il enjambe le détroit de Northumberland sur 13 km.

C'est sur l'île qu'est né le Canada, puisque Charlottetown a été l'hôte des rencontres qui ont mené à la Confédération canadienne.

De 1908 à 1911, les automobiles ont été interdites sur l'Î.-P.-É. Ce n'est qu'en 1919 qu'on leur a permis de circuler tous les jours de la semaine.

L'Île-du-Prince-Édouard est entrée dans le Dominion du Canada le 1er juillet 1873.

Cinquante pour cent de ses terres sont cultivées.

L'Î.-P.-É. a été surnommée la « province-jardin ».

Chaque année, plus de 1,8 million de personnes visitent l'île.

Lucy Maud Montgomery, l'auteure des aventures d'*Anne aux Pignons verts*, est née à Cavendish.

*Anne aux Pignons verts* a été traduit en 15 langues partout dans le monde.

La capitale de l'Î.-P.-É. est Charlottetown.

UN DIFFÉRENT TYPE DE CAPITALE…

L'Île-du-Prince-Édouard est la capitale canadienne de la pomme de terre.

LÂCHE PAS LA PATATE!

# Terre-Neuve et Labrador

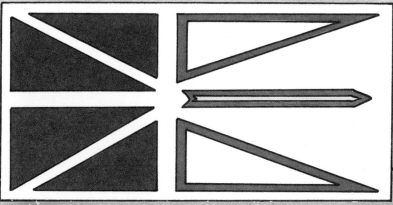

C'est en 1003 que Thorfinn Karlsefni, un Viking, a établi la première colonie européenne à L'Anse-aux-Meadows, Terre-Neuve.

L'île de Terre-Neuve a une superficie de 112 000 km². Avec le Labrador, ça fait 405 720 km².

La majeure partie de l'île et du Labrador est couverte de forêts denses, composées de sapins baumiers et d'épinettes noires.

Les monts Torngat sont les plus hauts du Labrador. Le nom vient du mot inuit *turngait*, qui signifie « esprits ». Selon une légende inuite, c'est l'endroit où le monde des esprits rencontre le nôtre.

Terre-Neuve est entrée dans la Confédération canadienne le 31 mars 1949, ce qui en fait la province la plus jeune.

## TOUTE UNE VILLE!
Comparée aux autres villes canadiennes, St. John's a le plus grand nombre de jours brumeux (121) et le plus de journées de précipitations verglaçantes par année (38), et, selon une moyenne annuelle, les vents les plus forts (24 km/h).

Le cap Spear est le point le plus à l'est de l'Amérique du Nord. C'est aussi un lieu historique national, où se trouve le plus vieux phare de Terre-Neuve.

Les habitants de la côte est de l'île sont plus près de l'Irlande que de la Saskatchewan.

Les Grands Bancs de Terre-Neuve constituent une des ressources naturelles les plus riches et les plus vastes du monde. Ils sont réputés pour leurs précieux stocks de poissons et leurs réserves pétrolières.

La population de Terre-Neuve et du Labrador est de plus de 530 000 habitants.

St. John's est la capitale de Terre-Neuve et du Labrador. C'est aussi la plus grande ville de la province, avec environ 175 000 habitants.

Aujourd'hui, quatre groupes autochtones vivent dans la province : les Inuits, les Innus, les Métis et les Micmacs.

Il n'y a ni serpents, ni mouffettes, ni herbe à poux sur l'île de Terre-Neuve.

**Est né à Terre-Neuve :**
Rick Mercer, St. John's.

# Labyrinthe du Labrador

DÉPART

Tu croyais que Martin Mongrain avait la vie dure?
Regarde plutôt ce que doit traverser Luba le labrador
pour retourner à sa niche. Attention aux rochers glissants
et aux mouettes qui pourraient te barrer la route!

Solution à la page 42

# Réponses

## Méli-mélo du Nord-Ouest

1. Territoires du Nord-Ouest
2. Grand lac de l'Ours
3. Forêts boréales
4. Yellowknife
5. Faucon gerfaut
6. Fleuve Mackenzie
7. Dryade
8. Samuel Hearne
9. Dénés
10. Toundra
11. Mer de Beaufort
12. Diamants
13. Morse
14. Mouflon du Canada
15. Loup arctique
16. Grand lac des Esclaves
17. Alexander Mackenzie
18. Taïga
19. Compagnie de la Baie d'Hudson
20. Vive les hauteurs!

## Objets perdus

Un cochon volant – 21
La boussole d'un chercheur
d'or – 5
Un castor tenant un crayon – 42
Une bernache – 1
Une feuille d'érable rose
et turquoise – 23
Un puits de pétrole qui gicle – 16
Un ours polaire avec des
lunettes de soleil – 11
Un phare – 38
Un oiseau perché sur
un arbre – 15, 24
Un casier à homard – 31
Un corbeau – 3
Un harfang des neiges – 27
Un épi de maïs – 13
Une montre – 8
Le chapeau d'un agent de
la GRC – 19
Des seaux de sirop
d'érable – 28, 29
Le contour de la
Nouvelle-Écosse – 12

## Où est Polaris?

Polaris est l'ours qui porte
la bavette rose vif à la page 11.

## Un vrai casse-tête

1. Nouveau-Brunswick
2. Saskatchewan
3. Nunavut
4. Territoires du Nord-Ouest
5. Alberta
6. Terre-Neuve et Labrador
7. Yukon
8. Île-du-Prince-Édouard
9. Québec
10. Nouvelle-Écosse
11. Manitoba
12. Colombie-Britannique
13. Ontario

## Mots bien cachés

## Ça ne va pas à la ferme!

Girouette inversée
Feu dans le silo
Cochon volant
Lune et soleil dans le ciel
Poignée de porte à la mauvaise place
Nuage vert
Vache avec une corne
Oiseau à lunettes
   Tracteur avec crevaison
   Poisson hors de l'eau
   Boyau coupé
   Fourche tordue (et ce n'est pas
   une bonne idée non plus
   de courir avec!)

## Le jeu-questionnaire 100 %
## canadien – 1ʳᵉ partie

1. b  2. c  3. c  4. b  5. c
6. a  7. c  8. a  9. b  10. a

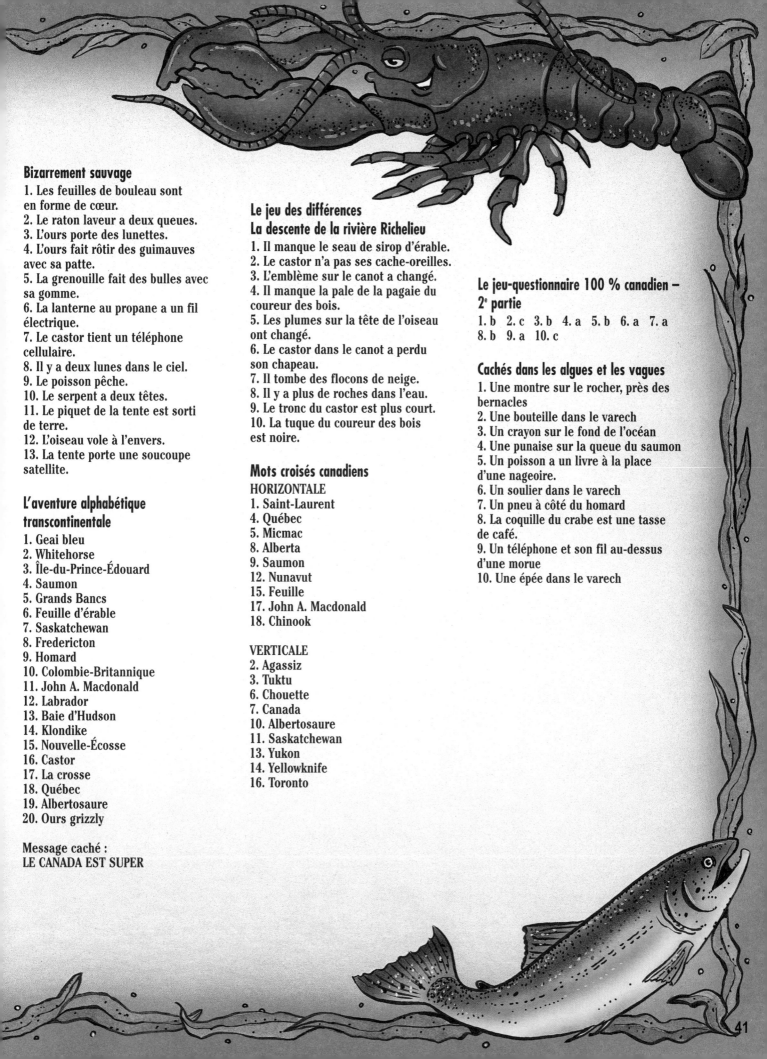

## Bizarrement sauvage

1. Les feuilles de bouleau sont en forme de cœur.
2. Le raton laveur a deux queues.
3. L'ours porte des lunettes.
4. L'ours fait rôtir des guimauves avec sa patte.
5. La grenouille fait des bulles avec sa gomme.
6. La lanterne au propane a un fil électrique.
7. Le castor tient un téléphone cellulaire.
8. Il y a deux lunes dans le ciel.
9. Le poisson pêche.
10. Le serpent a deux têtes.
11. Le piquet de la tente est sorti de terre.
12. L'oiseau vole à l'envers.
13. La tente porte une soucoupe satellite.

## L'aventure alphabétique transcontinentale

1. Geai bleu
2. Whitehorse
3. Île-du-Prince-Édouard
4. Saumon
5. Grands Bancs
6. Feuille d'érable
7. Saskatchewan
8. Fredericton
9. Homard
10. Colombie-Britannique
11. John A. Macdonald
12. Labrador
13. Baie d'Hudson
14. Klondike
15. Nouvelle-Écosse
16. Castor
17. La crosse
18. Québec
19. Albertosaure
20. Ours grizzly

Message caché :
LE CANADA EST SUPER

## Le jeu des différences
## La descente de la rivière Richelieu

1. Il manque le seau de sirop d'érable.
2. Le castor n'a pas ses cache-oreilles.
3. L'emblème sur le canot a changé.
4. Il manque la pale de la pagaie du coureur des bois.
5. Les plumes sur la tête de l'oiseau ont changé.
6. Le castor dans le canot a perdu son chapeau.
7. Il tombe des flocons de neige.
8. Il y a plus de roches dans l'eau.
9. Le tronc du castor est plus court.
10. La tuque du coureur des bois est noire.

## Mots croisés canadiens

HORIZONTALE
1. Saint-Laurent
4. Québec
5. Micmac
8. Alberta
9. Saumon
12. Nunavut
15. Feuille
17. John A. Macdonald
18. Chinook

VERTICALE
2. Agassiz
3. Tuktu
6. Chouette
7. Canada
10. Albertosaure
11. Saskatchewan
13. Yukon
14. Yellowknife
16. Toronto

## Le jeu-questionnaire 100 % canadien – 2ᵉ partie

1. b   2. c   3. b   4. a   5. b   6. a   7. a
8. b   9. a   10. c

## Cachés dans les algues et les vagues

1. Une montre sur le rocher, près des bernacles
2. Une bouteille dans le varech
3. Un crayon sur le fond de l'océan
4. Une punaise sur la queue du saumon
5. Un poisson a un livre à la place d'une nageoire.
6. Un soulier dans le varech
7. Un pneu à côté du homard
8. La coquille du crabe est une tasse de café.
9. Un téléphone et son fil au-dessus d'une morue
10. Une épée dans le varech

**Labyrinthe du Labrador**

# À PROPOS DE L'AUTEUR

Jeff Sinclair est né à Toronto le jour du poisson d'avril (sans blague!). Dans son studio chez lui, non loin de Vancouver, il illustre des douzaines de livres humoristiques pour enfants, qui sont vendus partout dans le monde.

Quand Jeff n'est pas occupé avec un crayon, il nourrit des carpes koï japonaises dans l'étang derrière sa maison, travaille à perfectionner sa technique de golf (qui est déjà superbe) ou part à la découverte du Canada dans son véhicule récréatif surnommé « l'autobus magique ».

Jeff vit avec sa femme Karen, son fils Brennan et sa fille Conner, tous Canadiens et fiers de l'être.